마량미항

까막섬

마량미항

김재석 시집

문학들

시인의 말

사연 많은 구강포의
해조음에 귀 기울이는
분홍나루를 뒤늦게 만났다
내 가슴을 두근거리게 하는
분홍나루가
강진의 저명인사들인
다산초당에게
무위사 극락보전에게
백련사 만경루에게
영랑생가에게
청자박물관에게
마음을 빼앗기기 전에
분홍나루의 마음을 사로잡고 싶었다
그래서 뱉어 낸 사연이
바로 분홍나루 시편이다
이처럼 분홍나루 시편이
주를 이루고 있음에도
제목이 마량미항인 데는 말 못할 사연이 있다
3부, 4부 그리고 5부의 시들은
소재별로 쓴 시들이며
목포문학관 시창작 강의 시간에
시가 어떻게 쓰이는가 시범을 보인 것이다

2015년 1월

차례

제3부 물앵두나무가 있는 외딴집

제4부 달꽃

제5부 死의 찬미

제1부 마량미항

무지개

마량 앞바다가
마량 하늘에
무지개를 뱉어냈다

고금도가
무지개를 바라보며
생각에 잠겨 있다

어깨동무한
일곱 빛깔이
자리를 바꾼 적이 없다

不同和而
不同和而

고금도가
까막섬에게
눈빛을 보내자

까막섬이 동의를 한다

나타날 때도
사라질 때도
일곱 빛깔이
어깨동무를 푼 적이 없다

* 부동화이(不同和而): '다르지만 사이좋게 지낸다'는 뜻으로 '和而不同'의 순서를 바꾼 것이다.

깊고 푸른 밤

– 김영남의 '푸른 밤의 여로'에 답하여

내 나이 열다섯 강진 마량 길을
검정운동화로 입 맞춘 적 있지
오늘처럼 깊고 푸른 밤이었어
강진에서 자취하던
눈이 방울토마토만 한
마량이 고향인 재관이와 개밥바라기 보며
초승달과 함께 걸었지
풀벌레 울음소리에
잠 못 이루는 연화동 지나
돌아보기에서 바라본 밤하늘의
별들이 다들 주먹만 하더라고
외기러기가 끼륵끼륵 날아가는디,
지금도 눈 감으면 내 가슴에서 울고 가지
그때 박힌 설움의 못이 가슴에 남아있어
그 작은 가랑이들이 밤길을 달래어
장계리 바다를 만났지
안개 낀 바다가 겁도 없는 놈들이라고
처음엔 닦달하더니

돌아갈 수 없는 처지라는 걸 알고
나중엔 등을 또닥이데
풀벌레 울음소리 뒤로
개밥바라기 나 몰라라 사라진 뒤
만호대와 까막섬이 있는 마량에 입성,
초승달과 함께 파출소에 덜미 잡혔지
오늘처럼 깊고 푸른 밤,
풀벌레 울음소리 등 떠미는 밤에

* 깊고 푸른 밤: 최인호의 소설 제목이기도 하다.

마량미항

갈기를 날리며
제 몸을 채찍질하며
달리는 바다가
마량미항에 당도하였다

뭍으로
뭍으로
오르려 하는 바다를
까막섬이
고금도가
등덜미를 붙들고 놓아주지 않는 것을

힘이 부친
까막섬을
고금도를 위해
가우도가
죽도가
비래도가
힘을 보태는 것을

뭍으로
뭍으로
오르는 것을
포기한 바다가
돌아서자
까막섬이
고금도가
등덜미를 붙든 손을 슬그머니 놓는 것을

가우도도
죽도도
비래도도
손을 슬그머니 놓는 것을

바다가
갈기를 날리며
제 몸을 채찍질하며
마량미항을 떠난다

까막섬

어디에선가
히이잉히이잉, 말울음소리 들리는
마량 앞바다,
두 개의 섬이
눈빛을 주고받고 있다

내버려둘 것을,
내버려둘 것을

괜히 붙들었나,
괜히 붙들었나

바다도
뭍에 가 살고 싶은 것을

괜히 붙들었다니,
괜히 붙들었다니

무슨 소릴 그렇게 하나,
무슨 소릴 그렇게 하나

바다가
난동을 부릴 게 뻔한데

어디에선가
딸그닥딸그닥, 말발굽소리 들리는
마량 앞바다,
두 개의 섬이
눈빛을 주고받고 있다

마량등대

빨간 등대는
햇빛
수장고이고

노란 등대는
달빛,
별빛 수장고인 것을

바다가
아무리 유혹해도
반 발짝도 나아가지 않고

바다가
아무리 겁을 줘도
반 발짝도 물러서지 않지

마량 앞바다
크고 작은 섬들의

사연을 다 들어주고

그걸 낱낱이 기록하는
바다의
사관이어야

못 말리는 고금도

마량과 눈빛을 주고받더니
마량과 사고를 쳐
마량에게
고금대교를 낳아주다니

정유재란 때 이순신 장군의 본영으로
노량해전에서 전사한
이순신의 유해를
아산으로 옮기기 전에 모셨지

청조경학의 제일인자이자
금강안혹리수金剛眼酷吏手 추사의
아버지, 유당酉堂 김노경金魯敬의
뒤치다꺼리를 하였지

벽파僻派 죄인, 茶山의 석방 명령을
거두어줄 것을
네 번이나 상계上啓한

시파時派 강우江右 김이재金履載를 책임졌지

갑신정변甲申政變의 주역 김옥균에게
생의 마침표를 찍게 한
조선 최초 불란서 유학생 우정羽亭 홍종우洪鍾宇의
어린 날을 다 지켜보았지

남의 시선은 아랑곳없이
늠름하고, 반반한
마량의 가슴으로 막무가내 뛰어드는
못 말리는 고금도

마량과 눈이 맞아
마량에게
고금대교를 낳아준 고금도가
이젠 또 뭘 낳을까

고금대교의 눈빛 전언

고금도를
그리워하지 않은
마량 있으면
나와 보라고 해

아무도 없지,
아무도 없지

마량을
그리워하지 않은
고금도 있으면
나와 보라고 해

아무도 없지,
아무도 없지

이제 나로 인해
한 몸이 되었으니

그리워하고
자시고 할 것도 없어

거시기하듯
맘껏 드나들게 되었으니
아니 벌써
입덧을 하잖아

제2부 분홍나루

내 마음의 분홍나루

고바우 언덕 아래
바다로 가는 길이 낳은
분홍나루가
내 마음에 둥지를 틀었지

길 가던 노인은
너무나 먼 당신인 수로부인에게
벼랑 위 진달래꽃을 꺾어
바쳤다지

별인 그대가
돌인 나를 아니 부끄러워하신다면
내 마음의 분홍나루로
모시리라

어깨가 딱 벌어진 주작과 덕룡을
조신한 비래도와
가우도의 출렁다리,

홀로 자맥질하는 물오리도 보여주리

청잣빛 하늘 아래
과녁을 찾아 먼 마을로 사라지는
기러기 떼의 뒷모습도
보여주리

진달래꽃을 꺾어 바치는 대신에
내 마음의 분홍나루에
별인 그대를 모시리라,
돌인 나를 아니 부끄러워하신다면

* 신라향가 중 헌화가(獻花歌)의 내용 일부를 사용하였다.

다들 분홍나루를 눈독들이다

벼랑 위 진달래꽃에 빠진
수로부인의 고민을
길 가던 노인이 해결해 주었지
고바우 전망대 아래
분홍나루에 빠진 나의 고민은
누가 해결해 줄 것인가
바다 건너 주작이, 덕룡이
아니면 가우도가 죽도가
비래도가 해결해 줄 것인가
나의 고민을 해결해 주기는커녕
나의 라이벌인 걸,
다들 분홍나루를 눈독들이니
당당한 주작과 덕룡의
반반한 가우도와 비래도의
눈빛에 쓰여 있는 걸
분홍나루 가까이서
자맥질하는 물오리도
분홍나루를 눈독들이니

분홍나루에 빠진 나의 고민은
오직 분홍나루만이
해결할 수 있는 것을
다행히 다들 서로 경계하니
마음 편히 떠났다가
돌아와 분홍나루의 마음을 사야지

분홍나루에 승선하면

사연 많은 구강포,
바닷가에 정박 중인
분홍나루에 승선하면
만날 수 있으리

청잣빛 바다 건너
몸짱인 주작과 덕룡이
지켜보는 가운데
조선실학을 집대성하느라 분주한
다산초당을

모란꽃빛 노을 속에
무위사 극락보전
백의관음보살이 얼굴 내미는 것을

하루 두 차례 어김없이 오고가는
구강포 해조음에
귀를 곤두세우는

죽도, 가우도, 비래도를

고바우 언덕 아래
바닷가에 정박 중인
분홍나루에 승선하면
만날 수 있으리

분홍나루

내 마음이
길을 잃은 날은
분홍나루에 승선하리

한때 내게 절망이었으나
이제 내게 희망으로 다시 태어난
마량 가는 길,
고바우 전망대 아래 정박 중인
분홍나루에 승선하리

해와 달, 별빛으로 연명하는
분홍나루에서
내 눈빛이 바다 건너
세상의 한 단애斷崖인
천일각에 서 있는 다산을 만나면
길을 찾을 수 있을라나

백련사, 만경루에 기대어

마량 가는 길을 바라보던
젊은 날의 나를
내 눈빛이 만나면
길을 찾을 수 있을라나

아니면, 어머니의 품인
구강포를 빠져 나가
먼 바다와
내 눈빛이 만나야 하나

내 마음이
길을 잃은 날은
분홍나루에 승선하리,
눈비가 짓궂게 굴지라도

저명인사들이 분홍나루를 만나고 다니다

분홍나루가 태어난 지
언제인데
이제야 분홍나루를 만나다니

바다 건너
주작이 덕룡이
백련사가
다산초당이
분홍나루를 만나고 다닌 것을

무위사 극락보전도
월남사지삼층석탑도
하멜기념관도
영랑생가도
강진시문학파기념관도
분홍나루를 만나고 다닌 것을

분홍나루와

다들 무슨 이야기를 나눴는지
궁금하지만
나로서는 알 수 없으니

저명인사들이
이미 다 만나고 다닌 분홍나루를
이제야 만나다니

분홍나루의 비에 관한 몽상

구강포 갯바람에
몸이 찐득찐득해진 내가
힘들어 하니
지나가던 구름이
비 되어 씻어주는 것을

나에게만 내리면
세상의 입방아에
오르내릴 수 있으니
내 주변은 다 내리지

내 덕분에
나무와 풀들도
목이 마른 구강포도
갈증을 해소하지

바다 건너
주작이 덕룡이

내 모습을 보지 못해
안절부절못할 걸 생각하면
내 마음이 잠시 무거워지지만

구강포 갯바람에
찐득찐득해진 내 몸이
상쾌해지니
그 정도는 감수해야지

더욱
몸 씻는 내 모습을
누구에게나
함부로 보일 수는 없으니

분홍나루가 바람이 난 것 같다

분홍나루에
저명인사들이 드나들다가
저명인사들 중에 누군가와
눈이 맞았나,
분홍나루가 바람이 난 것 같다

주작과 덕룡은
부부처럼 항상 함께하니
의심할 이유가 없고
다산초당 동암이야
홍임모가 꽉 잡고 있으니
의심할 이유가 없고

무위사 극락보전은
아미타삼존불이 함께하시니
찬란한 슬픔의 봄을 기다리는
영랑생가는
강진시문학파기념관이 지키고 있으니

분홍나루 등 뒤의
청자박물관은
눈빛을 마주칠 수가 없기에
영순위인데

의심의 여지가 없는 이가
누구인지
아직 밝혀지지 않았지만
분홍나루가 바람이 난 것 같다,
외모에 무척 신경 쓰는 걸 보니

분홍나루 하트존에 서서

분홍나루 하트존에 서서
인중샷을 날리면
누구든
이루지 못할 사랑이 없다

이미 이룬 사랑은
분홍나루 하트존에 서서
인중샷을 날리면
깨질 염려가 없다

깨진 사랑도
분홍나루 하트존에 서서
인중샷을 날리면
전보다 더 튼튼하게 붙을 것이다

바다 건너
주작과 덕룡이 후견인으로
지켜보고 있으니

어느 쪽이든 허튼 짓 할 리가 없다

로미오와 쥴리엣이 다시 살아나
분홍나루 하트존에 서서
인중샷을 날리면
두 사람의 사랑이 비극으로 끝날 리가 없다

노을

– 분홍나루에서

하늘밭을 일구어
씨를 뿌리고 사라지는
진흙소의 뒷모습이
저리 아름다울 줄이야

호머가
오딧세이에서 장밋빛이라고 노래한
노을을
미당은 이냇빛이라 노래하였지

분홍나루에서 만난
저 노을이
오늘은
내게 진달래빛인 것을

한때 내게
감빛이자 치자빛이었던
저 노을이

오늘은 진달래빛인 것을

하늘밭을 일구어
씨를 뿌리고 사라지는
진흙소의 뒷모습이
저리 숭고할 줄이야

구강포九江浦

– 분홍나루에서

하루 두 차례 어김없이 오며가는
불인不仁의 저 바다가
한눈파는 것을
단 한 차례도 본 적이 없는데

해창 앞에서도
귤동 앞에서도
한눈파는 것을
단 한 차례도 본 적이 없는데

포유동물인
저 덩치 큰 바다가
분홍나루를 지나갈 때는
곁눈질을 하고 다니는 것을

한 차례도 아니고
매번 곁눈질을 하고 다니는데
저러다가 눈이

사시 될까 걱정되는 것을

늠름한 저 바다가
다른 곳에서는
한눈파는 것을
단 한 차례도 본 적이 없는데

봄

– 분홍나루에서

어디서 많이 본 것들이
자리를 잡고 있어야

큰개불알풀,
코딱지나물,
달래,
냉이,
씀바귀

진달래,
목련,
복사꽃,
살구꽃

구강포가 보이는
창가의 좋은 자리를
들꽃들과 꽃나무들이
선점하고 있어야

허브 향기 배인
분홍나루에서
차를 마시며
한담을 나누고 있어야

기러기 떼

– 분홍나루에서

끼룩끼룩 끼룩끼룩 끼룩끼룩 끼룩끼룩

구강포 하늘에서
순찰을 도는 기러기 떼들이
분홍나루 근처를 날아갈 때는
더 멋지게 우는 것을 보면

끼룩끼룩 끼룩끼룩 끼룩끼룩 끼룩끼룩

비래도가 지켜보기에
가우도가 지켜보기에
분홍나루에게 구애하지 못하지만
더 멋지게 날갯짓을 하는 걸 보면

끼룩끼룩 끼룩끼룩 끼룩끼룩 끼룩끼룩

분홍나루에게
노골적으로

단도직입적으로 다가섰다간
금방 매도당하기에 조심하는 것을

끼룩끼룩 끼룩끼룩 끼룩끼룩 끼룩끼룩

분홍나루를 눈독들인 이들이
한둘이 아니니
구강포 순찰을 핑계 삼은 저것들이
보디가드 노릇하는 것을

가우도

– 분홍나루에서

출렁다리가
양쪽 어깨인 가우도가
언제부턴가
외모에 신경 쓰는 것을

민낯으로
자연산인 것을 자랑하던 가우도가
한옥 펜션이 들어서도
외모에 신경을 쓰지 않았는데

무슨 일인가
무슨 일인가
머리를 싸매어도 모르겠더니
이제 알겠네

고바우 전망대 아래
분홍나루가
정박한 뒤로

가우도의 태도가 달라진 것을

가우도가
외모에 신경을 쓴 것은
분홍나루 때문인 것을,
순전히

* 가우도(駕牛島): 가우도의 가(駕)는 멍에 가(駕)로 풍수지리상 와우형국인 강진의 멍에에 해당되는 섬이다.

죽섬

– 분홍나루에서

가우도만 아니라면
죽섬이
진즉 발 벗고 달려왔을 것이다,
분홍나루에게

자기보다
몸뚱이가 몇 배나 큰
가우도가 길을 막고 있기에
성질을 죽이고 있을 뿐

더욱 출렁다리가 생겨
자기 몸이 작다고 해도
지나갈 수 없으니
운명이라 생각하고 자제하는 것일 뿐

가우도만 아니라면,
가우도만 아니라면
죽섬이 혼잣말하는 소리가

바람결에 들려오는 것을

외모에
자신 있는 죽섬이
진즉 발 벗고 달려왔을 것이다,
분홍나루에게

주작과 덕룡

– 분홍나루에서

주작과 덕룡은
언제나 함께하나
사고를 내도
언제나 함께하나

분홍나루에게
한눈파는 일은
둘이
함께하지 아니해야

주작과 덕룡은
언제나 함께하며
상처를 주는 일은
서로 않는 걸로 알고 있는데

주작이 덕룡 몰래
덕룡이 주작 몰래
분홍나루 카페를

눈독 들인 것을 몰랐다니

주작이 덕룡을
덕룡이 주작을
등 돌린 것은 아니나,
믿을 놈 하나 없는 것을

모란이 피기까지는

– 분홍나루에서

분홍나루가 애송하는 시가
한두 편이 아니지만
그중 가장 애송하는 시가
모란이 피기까지이지

분홍나루라는 이름도
분홍나루에서 만나는 노을이
모란빛인 분홍빛이어
분홍나루라 작명할 정도이니

'물 보면 흐르고 별 보면 또렷한' 도
'돌담에 속삭이는 햇살같이' 도
언제든 낭송할 수 있지만
모란이 피기까지가 첫째라며

모란은 져도
분홍나루의 가슴에 둥지 튼
'모란이 피기까지는'

절대로 지지 않으니

삼백 예순 날 단 하루도 지지 않고
분홍나무의 가슴에
'모란이 피기까지' 가
살아 숨 쉬고 있지

외기러기

– 분홍나루에서

끼룩끼룩 끼룩끼룩 끼룩끼룩 끼룩끼룩

저 놈의 기러기는
무엇에
한눈팔다 외톨이가 되었나

끼룩끼룩 끼룩끼룩 끼룩끼룩 끼룩끼룩

혼자 서둘러 가면서도
낼 소리는
다 내고 가니

끼룩끼룩 끼룩끼룩 끼룩끼룩 끼룩끼룩

비래도를
가우도를 이정표 삼아
하늘길 가는 건가

끼룩끼룩 끼룩끼룩 끼룩끼룩 끼룩끼룩

무리를 찾아 가느라
정신없는 놈이
그 틈에 분홍나루에 한눈팔다니

체 게바라

– 분홍나루에서

분홍나루 창가를 선점한
체 게바라가
생각에 잠겨 있다

구레나룻도
콧수염도
턱수염도
말끔히 정리하고 나왔다

베레모를
군복을
내던져버린 지
오래되지 않았다

커피 한 잔에
빵 하나로
허기를 채운 체 게바라의
눈빛이

바다 건너
백련사 토굴에 못 박혀 있다

체 게바라의
낯짝을
노을이 기웃거리자
그때야 시선을 옮긴다

네루다의 시를 필사하기를 즐긴
체 게바라가
진달래빛 노을에 빠져 있다

이미지 연습

– 분홍나루에서

1. 죽섬

반반한
마침표다

죽은 데가
하나도 없다

2. 가우도

저러다
어깨가 빠지겠다

양팔 들고
벌서고 있다

3. 비래도

물이
나간 뒤
정체가 들어났다

챙모자다

4. 까막섬

불알
두 쪽이다

씨가
굵다

다들

눈에 담아간다

축날까
걱정했는데

갈수록
여물어진다

다들
입맛을 다신다

* 비래도(飛來島) 전설: 비라도라 불리기도 하는 이 섬은 신전면에 속한다. 분홍나루에서 멀리 엄지 손가락이 물에 잠긴 것처럼 보이는 이 섬은 전설을 간직하고 있다. 칠량에 최씨 성을 가진 어부가 살았다. 이 어부는 나이가 서른이나 된 노총각이었다. 이 노총각은 가난하였지만 노부모를 지성으로 공양하여 마을에서 효자로 이름난 사람이었다.

어느 날 자신의 배를 타고 비래도로 고기를 잡으러 갔다. 바다에 그물을 치고 바위에 앉아 있으니 작지 않은 물체가 떠내려 와 그물에 걸리는 것이었다. 그물을 걷어 올리니 그 물체는 예쁜 처녀의 시체였다. 하마터면 정신을 잃을 번했던 노총각은 그 시체를 정결한 곳을 찾아 묻어주고 비래도를 떠났다.

그날 밤 꿈에 처녀가 노총각을 찾아왔다. 노총각 앞에 무릎을 꿇은 처녀는 "서방님, 어서 일어나 어장에 나가 보십시오."라는 말을 남기고 사라졌다. 노총각은 이른 새벽 노를 저어 어장에 나갔다. 비래도에 도착한 노총각이 그물을 던져 걷어 올리니 많은 양의 고기가 잡혔다. 그날 이후에도 처녀는 노총각의 꿈에 나타나 어장을 가르쳐 주었는데 그때마다 노총각은 많은 고기를 잡았다고 한다.(강진의 설화 참조, 강진문화원 간행)

* 까막섬 전설: 옛날 걷지 못하는 불구의 아들을 둔 어머니가 있었다. 어느 날 불구아들을 업고 부두에 바람을 쐬러 나왔는데 문득 바다에서 두 개의 섬이 떠올랐다. 이를 보고 놀란 어머니는 자기 아들이 걷지 못함을 한탄하면서 "아이야, 보아라 저 섬은 발이 없어도 물 위를 저렇게 걸어오는데 너는 어찌하여 두 발이 있으면서도 걷지 못하느냐. 참으로 안타까운 일이다."라고 하였다. 어머니가 이러한 말을 뱉는 순간 둥둥 떠오르던 두 섬은 그 자리에 그만 멈춰버리고 걷지 못하던 아이는 날듯이 잘 걷게 되었다고 한다. 여기 멈춘 섬이 까막섬이요, 그 아이는 모롱골 김씨라 했으나 실은 광산 김씨로 이 마을의 토박이가 되었다 한다.

까막섬에는 임진왜란 때 이순신 장군 휘하의 부하들이 식수로 사용한 샘이 있었다 한다. 이 샘은 영천(靈泉)으로 황금 덮개로 씌어져 있었다 한다. 오랜 세월이 흐르는 동안 약수도 덮개도 사라지고 전설만 남아있다.

까막섬에 대한 전설이 또 하나 있다. 원래 이 섬은 적도 부근 남양(南洋)에서 마량 앞바다로 떠내려 왔다는 것이다. 이 섬이 마량 부두에 접안하려 했으나 임신부가 이를 보고 섬이 떠오른다고 소리쳐 그만 우뚝 서버려 현 위치에 놓이게 됐다고 한다. 이 섬의 상록수림에 금복개가 떠있는 영천이 있어 이를 찾아 마시면 영생 장수할 수 있다고 하나 찾지 못한다고 한다. 두 개의 섬이 사내의 불알을 닮아 섬이 바라보이는 곳에 집을 지으면 아들만 낳은다고 알려져 마량에 많은 집을 짓게 되었다고 전해온다.(강진의 설화 참조, 강진문화원 간행)

눈 내리는 분홍나루

눈 내리는 분홍나루에서
내가 안절부절못하는 것은
눈발들이 세상의 시야를 가려놓고
분홍나루에게
수작을 걸기 때문이지

눈발에 갇힌 바다 건너
주작과 덕룡이
백련사 만경루가
가우도가, 죽도가, 비래도가
다산초당이
사라진 분홍나루 때문에
안절부절못할 걸 생각하면
우습기도 하지만

나의 라이벌들은
모두 다 나의 시야에서
사라졌으나

저 놈의 눈발들이 라이벌이 되어
분홍나루에게 수작을 거니,
최대의 라이벌인
내가 안에 있는지도 모르고

수작을 거는 저 놈의 눈발들이
분홍나루를
포기하고 돌아설 때까지
해와 달, 별빛이
나의 바통을 받으러 올 때까지
내가 지키고 있다는 것을
저 놈의 눈발들에게 어떻게 알리나

저 놈의 눈발들 덕에
내가 분홍나루를 독차지할 수 있는
좋은 기회이기도 하니
내가 안절부절못할 일은 아니어야,
눈이 내리지 않는 날은

다들 눈치 보느라
누가 섣불리 나서지 못하지만

분홍나루가 눈발들의 수작에
넘어가기 전에
내가 먼저 선수를 쳐야지

분홍나루를 내 눈빛에 담아
달아나야지,
아무 일 없는 척 시치미를 떼며

제3부 물앵두나무가 있는 외딴집

물앵두나무가 있는 외딴집

내 마음의 오지
어딘가,
키 작은 울타리의
외딴집

우물가에
물앵두나무가
전등을 켠
봄

햇살이
꽃잎 어루만지자
바르르 떠는
우물

까치울음에
햇살이 울타리 넘는 사이
깃털을 가다듬는
어둠

우물가 앵두나무에게

이뿐이가, 금순이가
물동이, 호미자루 내던지고
단봇짐을 싼 것은
너 때문이라며

뭐라고,
너 때문이 아니라고

이날 이때까지
이 자리를 지키는데
왜 네게 뒤집어 씌우냐고

너 때눈이라면
진즉 뒤따라갔다고

* 앵두나무 우물가에: 이 시는 '앵두나무 우물가에' 란 노래의 가사의 일부를 차용하였다. 앵두나무 우물가에 동네 처녀 바람 났네./ 물동이 호미자루 나도 몰래 내던지고/ 말만 들은 서울로 누굴 찾아서/ 이뿐이도 금순이도 단봇짐을 쌌다네.

앵두나무

– 달밤

대낮 햇살에
주눅 든 낮달이
눈여겨본 게 분명하지

햇살보다
더 진하게
엉큼한 짓을 하다니

아무튼
대충 더듬는
정도가 아니니

나의
헛기침마저
듣지 못할 정도이니

듣고도
못 들은 척

하는 건지

아니면
남의 시선 따위는
무시하는 건지

우물가, 앵두나무에 대한 단상

1

해와 달, 별빛이
저걸 가지고
노는 줄 알았더니

저게
해와 달, 별빛을
가지고 놀다니

2

저 붉은 열매를
혼자 낳는 것은
불가능하지

해와 달, 별빛이

거들지 않았다면
턱없지

우물 속에 구름도
한 몫 한 게
분명하지

한 알만
깨물어보면
금방 알 수 있다고

내 마음의 앵두나무

내게는
가까이 해서는 안 될
금단의 나무였지

삼십 촉 일반 전등보다
더 밝은 꽃등에
어두운 마음이 밝아지기도 했지만

가지마다 눈빛을 보내는 열매에
눈인사는 나누어도
손대서는 안 되었지

아버지가 집 날려
남의 집에 세 들어 산
유년

가슴에 맺힌 설움이
앵두나무의
붉은 열매로 빛나던 시절이었지

앵두

단돈 천원에
한 종지의 추억을 맛볼 수 있다니

재래시장 가는 길,
노점상인
할머니의 바구니를 기웃거리는 햇살은
입맛을 다시고

졸음에 시달리는
추억이
누군가가 깨워 주기를 기다리는
대낮

할머니의
하품에
추억이 기지개를 켠다,
덩달아

앵두, 한 입만 깨물어도

다들 순진한 척
해와 달, 별빛
그냥 돌려보내는 것
같아도

뻐꾹새 울음,
소쩍새 울음
건성으로 듣는 것
같아도

다들
다닥다닥 붙어
그 작은 몸뚱이에
차곡차곡 쟁여 넣다니

한 입만 깨물어도
입 안에
해와 달, 별빛

쏟아지는 것을

뻐꾹새 울음,
소쩍새 울음
입 안에
흘러내리는 것을

앵두나무 우물가에

앵두나무가
우물 속 꽃 진 자리에
초록 알을 슬어 놓았다

이따금
해와 달, 별빛이 기웃거리다가
뭔 짓을 하고 돌아간다

진득하지 못한
구름도
뭔 짓을 마다하지 않는다

얼마 뒤,
우물 속에 다닥다닥 슬어 놓은 알이
붉은 눈을 뜨기 시작한다

앵두가 익을 무렵

소쩍새 첫 사연
누구에게
부쳤나 했더니

뻐꾹새 첫 울음
누구에게
배달했나 했더니

매화가,
살구가,
시샘하는 것 보면

누구에게
부치고, 배달됐는지
뻔하지

앵두가 익을 무렵

– 비 오는 날

갓 구워낸 추억의 빗방울이
앵두나무로 뛰어든다

후다닥,
후다닥

추억의 빗방울이
앵두 열매를 훑어내는
사이

당황한
앵두나무가 투덜댄다

참말로,
참말로

앵두가 익을 무렵

마음이
추억의 담장 너머
앵두나무 몇 가지 꺾어
달아났지

엉겁결에 당한 뒤
담장을 넘어
마음을 쫓아 오는
앵두나무

어느새
마음의 등덜미를 붙들고
가지를
뻤다니

예나,
지금이나
작대기를
들고

앵두가 익을 무렵

– 외딴집

소리 없는 불꽃놀이 즐기는
앵두나무에 다녀가는
뒷산의
뻐꾹새 소리

앵두나무 어깨에 앉아
씨가 굵은 앵두에
심청부리는
까치

앞마당
뚜껑을 막 연 솥단지에
심호흡하는
감자

키 작은 울타리 밖에서
외딴집 들여다보며
입맛 다시는
찔레꽃

앵두가 익을 무렵

– 외딴집

해질녘 기다렸다는 듯이
산 그림자가
주위를 살피며
울타리를 넘어야

앵두 한 주먹 훑어 가지고
뒤도 안돌아보며
달아나도
등덜미 잡히지 않아야

소쩍새 울음 섞인
달빛이
가지에 차분히 앉아
앵두에 입술을 대야

다녀가는 사람
하나 없는데
한밤중에
개가 컹컹 짖어야

제4부 달꽃

달꽃

지상의 달맞이꽃은
오므렸다 폈다를
폈다 오므렸다를
그날그날 하는데

우주의 꽃인 저 달은
오므렸다 폈다를
폈다 오므렸다를
한 달이나 걸려야

그것도
눈에 안 띄게
눈에 안 뜨게

한 달도 아니고
일 년 열두 달도 아니고
지금은
오므리고 있는 중이어야

달

밤중에 홀로
궂은일을 도맡아하는
저 달에게
봉사상을 추천하려면

주민등록번호와
현주소가 필요한데
저 달이
입을 봉하고 있으니

우주동사무소는
소문은 들었어도
어디에 있는지
알 수 없는 것을

저 달의 본적은
차치하고
주민등록번호와
현주소가 필요한데

쪽팔린 달과 별들

– 지구별

촉수가 높은 해가
얼굴 내미니

달은
쪽팔릴 수밖에

그래서
불을 끄고
잠이 든 거지

별들은
더 쪽팔릴 수밖에

그래서
흔적도 없이
사라진 거지

달

멍든
달

폭식과 거식을
일삼는

외상 후
스트레스 장애

지구에게
두들겨 맞았나

의처증이
있는

달과 나

– 강가에서

언젠가 로프도 없는 내게
절벽을 함께 오르자
다그치던 달빛이
이제는 물 위를 함께 걷자,
부추겨야

한 번도 아니고
두 번이나

일 있다
핑계될 수도 없고
그렇다고 물러서면
용기 없다,
입방아 찧고 다니겠지

유레카,
절벽을 오르자 할 때
내 눈빛이

당당하게 나설 것을

달빛 못지않게
물 위를
걸을 수 있는 것을

내가 할 수 있는 일을
내가 몰랐다니

밤하늘에 기대어

– 지구별

밤하늘은
부화장

암탉인
달이

돌아가며
품는

언제나
하늘에서

황금알인
별들이 부화하여

삐약삐약 소리
낼라나

밤하늘에 기대어

– 지구별

달에게
맞설 때는
별들은
서로 동지이고

달에게
구애할 때는
별들은
서로 라이벌이고

밤하늘에 기대어

– 지구별

달이
거식과 폭식을 되풀이하며

밤하늘을
배회하는 것은

무슨
연유일까

별들에게
무얼 가르치려고

달은
저리 돌아다니는 걸까

혹시 별들에게
이걸 눈빛으로 전하고 다니나

– 솔개인

해를 조심하라

해와 달 그리고 별들

– 지구별

솔개인
해가 나타나니

암탉인
달이 맞서는 것을

병아리인 별들은
순식간에 숨어버리고

암탉인
달이 물러설 생각을 앉으니

솔개인 해가
달려들지 못하고

멀리서
입맛 다시는 것을

병아리인
별들 찾아다니는 것을

* 해를 솔개, 달을 암탉 그리고 별을 병아리로 이미 써먹은 시인이 있는지도 모르겠다는 생각이 들었다. 너무 오래 시작을 하다 보니 내 것인지 남의 것인지 헷갈릴 때가 있다. 나중에 나의 다른 시집 『구름에 관한 몽상』에 비슷한 이미지의 시가 있다는 걸 알았다.

달의 사생활

달이 뒷모습을 보여주지 않는 것은
달도
사생활이 있기 때문이여

달에게 뒷모습을 보여 달라
닦달을 한다 해서
보여줄 달이 아니여

달의 앞모습이
달의 뒤쪽에 사는 이들에겐
달의 사생활이니

달의 사생활을 알고 싶으면
달의 뒤쪽에 사는 이들을
만나볼 일이지

근데
달의 뒤쪽에 사는 이들을

만나볼 길이 없으니

그렇다고
서명 받을 일도 아니니
그냥 궁금할 수밖에

달

– 추석 전야

한가위
야외무대에
출연하기 위해
신경 쓰고 있는 것을

무대가
무대인만큼
옷깃을
여밀 수밖에

하늘이
협조해야
관객동원이
쉬울 텐데

최종
리허설 하듯
신경
곤두세우고 있는 것을

우주극장

단 한 푼도 받지 않고
무대에
출연한 달이
연기에 목숨을 거는 것을

단 한 푼도 내지 않고
우주극장에
입장한 별들의 눈빛이
초롱초롱 빛나는 것을

지구에게
객석의 별들과
배회하는 구름이
무대의 소품으로 보이고

별들에게
푸른 지구가
달과 함께
공연하는 것으로 보이는 것을

별이 빛나는 밤에

미네르바의 부엉이와 함께하는
달과 별들

우주의 실록,
史官은 어느 별인가

저 달과 별들은
각주를 달아야만 이해가 되나니

저 달과 별들이
내 눈치를 보는 것은

내가
궁수자리에 태어난 때문인가

곁눈질하는
별들

삶에 치인
내 언어의 시위

겁 없이
우주의 사과를 꿈꾸다니

별이 빛나는 밤에

– 가거도에서

별들이
나를 좀 더 가까이서 보려고
몸을 숙인 게 분명하지

다른 때보다
훨씬 커 보이는 것은
나를 좀 더 가까이서 보려고
고개를 내민 탓이여

내가 까치발을 하면
별들이
좀 더 가까이 다가온 거나
다름없지

바닷가 몽돌에 까치발
눈치 채지 못할 줄 알았는데
달빛 때문에 들통 나
파도들이 깔깔대는 것 봐

별들을 위해
까치발을 너무 오래하고
고개까지 내밀었더니
힘 파이는 것을

나 들어간 뒤에 돌아가려고
별들은 피곤해도
여전히
버티고 있는 것을

나도 버틸 수 있지만
먼저 들어가 줘야지,
별들이 꾸벅꾸벅 졸기 전에

지구별

– 밤하늘에 기대어

별들이나
따돌리려 하고

별들이
눈멀길 기다리며

내 생을
탕진하고 지냈다니

저 달 하나를
두고

별들의 눈치 보며
침만 삼켰다니

우주의 史官이 되어도
서운할 나이인데

일식日蝕

1

해가
바람이 빠질 줄 생각도 못했지

저러다
추락하면 어떡하나

어, 감쪽같이
바람을 다시 채우다니

묵은 바람 뱉어내고
새 바람 채우는데

터지지 않을 만큼
알아서 채우는데

걱정을

사서 하다니

2

누군가가
해의 가슴에 기어오르다니

무슨 배짱으로
몸을 포갤 생각을 다 할까,
그것도
기습적으로

목숨을 걸
생각을 하다니

저것 봐!
포개진 몸이 타버린 것일까

아니면
해가 밀어내는 것일까

3

몸이
다 축나도록
헌혈을 하다니

저러다,
저러다
빈혈로 쓰러지면
큰일이지

맨눈으로
쳐다보지 못하게 하더니

어느새
몸을 회복하다니

4

달의
흉내를 내다니

아니
달에게 시범을 보이다니

달이
보름이나 걸린 것을

단 몇 시간에
끝내다니

달보다
더 멋지게 연출하다니

만월滿月

별들의
어미인 달

젖 물릴라,
기저귀 갈아줄라

별들의
뒤치다꺼리하느라

몸이
수척해지시더니

어느새
또 만삭이시네

달무리

보부상인
달이

보따릴
풀어놨는데

뭇별들은
구경만 하고

보따릴 푼 지
꽤 오래됐는데

뭇별들은
살 생각은 않고

마수나 했는지
몰라

제5부 死의 찬미

死의 찬미

'다뉴브 강의 잔물결' 의
선율에 실린
저걸
어떻게 맞이해야 하나

넘어질 염려가 없는
저걸
책상에 어깨를 기댄 채
두 손으로 얼굴을 감싸고
맞이해도 괜찮을라나

눈물로 된 이 세상에
나 죽으면 고만일까, 라는
저걸
어떻게 맞이해야 하나

의자에 등을 기대고
눈을 지그시 감고

팔짱을 낀 채
맞이하면
무슨 말을 들을라나

눈물 젖은 두만강

그해 여름
남편을 길에서 잃은 어머니가
마당 좁은 집
헌 라디오에서 흘러나오는
그대 때문에 눈물을 훔치다가
등을 돌리셨지

보지 말았어야 했는데
보지 말았어야 했는데

강물도 달밤이면 목메어 우는데
님 잃은 이 사람도 한숨을 쉬니
추억에 목메인 애달픈 하소,
이 대목이었을까

님 잃지 않은 사람도
이 대목에서
그냥 눈물 나는데

어머니는 오죽했을까

못 본 척 밖으로 나갔지만
못 본 척 밖으로 나갔지만

슬픔의 총아寵兒인 나의 강물은
그날 이후
달밤이 아니어도
목메어 울 때가 많았지

짝사랑

흘러간 고복수란 관용어를 낳은
고복수가
일제강점기에 너를 불러
민족의 가슴을 어루만져 주었지

일상의 언어 아닌
과학의 언어 아닌
문학의 언어로 시작하는
네 노랫말에 시비 거는 이가 있었다지,
어떻게 으악새가 우느냐고

너야
만인이 하는 것
지나치면
상사병에 이를 수 있으나
사랑의 원조는 바로 너지

전장의 포화 속에서도

너는 가능하지
너는 우리가 살아남아야 할
이유이기도 하지

눈물 젖은 두만강으로
인기 정상에 오르기 전에
고복수가 부른
너는
민족의 노래이지

황성옛터

일제강점기에 살아보지 않았어도
어디선가
황성옛터에 밤이 되니 월색만 고요해, 만
흘러나오면
가슴이 미어지는 거 있지

가방을 챙겨들고
삼박사일 망월대에 다녀오고 싶은데
남과 북이
서로 총을 겨누고 있으니

일제강점기에 살면서
어디선가
성은 허물어져 빈터인데 방초만 푸르러, 만
흘러나오면
피눈물을 쏟았겠지

봇짐 싸들고

만주 봉천이나
하르빈에 가서
독립운동하겠다고 고집을 부리다가
마누라가 붙들면
뿌리치고 갔을라나,
주저 앉았을라나

목포의 눈물

일제강점기에 태어나
나라가 두 동강 나기 전에
우리 민족이
함께 불렀으니
민족의 노래이지

나라가 두 동강 나기 전에
한라에서 백두까지
우리 민족이
함께 불렀으니
민족의 노래가 분명하지

사공의 뱃노래 가물거리며는
일절부터
삼백년 원한 품은 노적봉 밑에
이절을 거쳐
깊은 밤 조각달은 흘러가는데
삼절까지 불러야

속이 시원하지

목포의 눈물은
민
족
의
눈
물
이
지

이별의 부산정거장

이제는
만남의 부산 정거장으로 바뀐 지
오래 되었어도
한 번 이별의 부산정거장은
영원한
이별의 부산정거장이지

해방되던 해에 태어나면
해방둥이이고
전후에 태어나면
전후세대인데

전후세대 아닌
전시에 태어난 너를
무어라 불러야 하나

부산 임시정부에서
서울로 환도한 시절에

태어났다지

– 한 많은 피난살이 설움도 많아 그래도 잊지 못할
판자집이여, 이 대목에
한 많은 피난살이 해본 적 없는 나도
슬픔이 덧나는 것을

지금은
만남의 부산 정거장으로 바뀐 지
오래 되었어도
한 번 이별의 부산정거장은
영원히
이별의 부산정거장이지

외나무다리

어디 가서 노래 부르라 하면
외나무다리 부르는데
그때마다
너는 그것밖에 모르냐 한다

다들 모르는 소리다

외나무다리 부르면
내 마음에 복사꽃, 능금꽃이
저절로 피고
어여쁜 눈썹달이
저절로 뜬다

못 잊을 세월 속에 날려 보낸
젊은 날의 꿈이
이순이 다 되도록 잊지 못한
싸늘한 별빛 속에 숨은 그녀가
나를 찾아온다

그것만이 아니다

내가 최무룡이 되어
김지미와
열애를 하니
그보다 좋을 수가 없다

* 이 시의 내용의 일부는 '외나무다리' 에서 차용하였다.

부모

어디 가서 노래 부르다 보면
맨 날 외나무다리냐, 말 듣기가
거시기하여
한 곡 더 준비한 곡이
바로 너이지

근데
너를 노래할 때마다
궁금한 게 하나 있지

겨울에 기나긴 밤 어머님하고
둘이 앉아 옛이야기 듣는 동안
아버지는
왜 돌아오시지 않는가

노래가 다 끝나도록
아버지가 등장할 생각을 않으니
어떻게 된 거지

아버지는 나귀 타고
장에 가셨다는 말 못 들었는데

묻지 마라니,
먼 훗날에
내가 어른 되어 알아보라니

고독

지금도 잠자리에 들면 찾아오지

– 밤은 고이 흐르는데 어데선가 닭소리
산뫼에선 달이 뜨고 먼 산숲의 부엉소리

선투입, 가투입, 진투입 다 겪은
논산 훈련소
취침시간이면
어김없이 찾아왔지

– 외롭다 내 맘의 등불 꽃같이 피어졌나니
내 사랑 불되어 타고
임 생각 아~ 내 마음에 차라

동작 그만, 앞으로 취침 뒤로 취침
내무반장 군화발 방어하다가
오른쪽 새끼손가락이 고장난 그날
나를 위로하던

– 사랑아 내 사랑아
너 홀로 날개 돋아 천리만리 날지라도
사랑아 내 사랑아 금빛오리 임 생각
이 몸 깊이 아롱져 이끼 핀 돌 되라

인제 가면 언제 오나, 원통해서 못 살겠네
대대장실 앞 대추나무가 나와 함께 보초 서던
2사단 17연대 1대대 본부중대
자대 배치 받은 뒤에도 찾아왔지

– 밤은 고이 흐르는데 어데선가 닭소리
산뫼에선 달이 뜨고 먼산숇의 부엉소리

제대한 지 한 세대가 훌쩍 지난 뒤
고장난 새끼손가락 바라보고 있는
지금 이 순간에도 찾아와
나를 가만두지 않는 것을

– 외롭다 내 맘의 등불 꽃같이 피어졌나니
내 사랑 불되어 타고
임 생각 아~ 내 마음에 차라

* 황인호 작사, 윤용하 작곡 '고독'이라는 가곡의 가사를 전문 차용하였다.

굳세어라 금순아

눈보라가 휘날리는 날도
눈보라가 휘날리지 않는 날도
병영상인인 아버지는
맨 날 굳세어라 금순아였다

바람 찬 흥남부두를
가보았는지
물었어야 했는데
아버지가 세상을 떠 묻지 못했다

영도다리 난간에
서 보셨는지
물었어야 했는데
내가 너무 어려 묻지 못했다

초승달이 뜬 날도
초승달이 뜨지 않는 날도
병영상인인 아버지는
맨 날 굳세어라 금순아였다

진짜 사나이

논산훈련소 30연대는 알고 있다

용산행 군용열차는
용사의 집은
103보충대는
소양강 선착장은
양구 2사단 신병교육대는
광치령고개는
리빙스톤교는
2사단 17연대 1대대 본부중대는
205 이동외과병원은
현리 야전병원은
원주 후송병원은
마산 통합병원은
한계령은
장군바위 근처 유격장은
내린천은 알고 있다

내가
진짜 사나이라는 것을

눈이 큰 아이

산골물이 강에 이르듯
이동외과병원 야전병원 거쳐
원주 후송병원에 입원한 적이 있었지,
오른쪽 가슴이 부실하여

박정희 대통령의 아들 박지만이
생도시절인가
장교시절인가
후송병원 거쳐 갔단 소문이 파다했지

박지만이
입원해 있는 동안
별들의 방문이 자자했다는 것은
두말할 것도 없고

여러 병사들과 나누어 쓴 병실에
눈이 큰 아이를 작곡한
눈이 큰 병사

김홍경이 박혀 있었지

김홍경 덕에
눈이 큰 아이는 기본이고
화랑 담배 피워본 적 없는 내가
마지막 담배를 흥얼거렸지

지금도 잊지 않고 있지,
연분홍색 마후라는 꽃바람에 춤을 추는데로
시작하고
마지막 담배에 불을 붙였네로 끝나는
마지막 담배를

마지막 담배를 즐겨 부르던
눈이 큰 병사, 김홍경
지금은 어딨을까